READING POWER
En Español

El transporte ayer y hoy

Autos del pasado

Mark Beyer

The Rosen Publishing Group's
Editorial Buenas Letras™
New York

Published in 2003 by The Rosen Publishing Group, Inc.
29 East 21st Street, New York, NY 10010

Copyright © 2003 by The Rosen Publishing Group, Inc.

First Edition in Spanish 2003
First Edition in English 2002

Book Design: Christopher Logan

Photo Credits: Cover © Robert Holmes/Corbis; p. 4 © AP/Wide World Photos/Ford Motor Company; p. 5 © AP/Photo; pp. 6, 7 © AP/Wide World Photos/The National Automotive History Collection; pp. 8, 9 © AP/Wide World Photos/Ford Motor Company; p. 11 © AP/Wide World Photos/Ford Motor Company; p. 12 © Bettmann/Corbis; p. 13 © AP/Wide World Photos/Library of Congress; pp. 14, 15 © Superstock; p. 16 © Bettmann/Corbis; p. 16 © Hulton Deutsch Collection/Corbis; p. 16 © Kim Sayer/Corbis; p.17 © Image Bank; pp. 18, 19 © Superstock; pp. 20, 21 © AP/Wide World Photos/Reed Saxon

Beyer, Mark.
   Autos del pasado / por Mark Beyer; traducción al español: Spanish
   Educational Publishing
   p. cm. – (El transporte ayer y hoy)
   Includes bibliographical references and index.
   ISBN 0-8239-6851-0 (library binding)
   1. Automobiles–History–Juvenile literature. [1.
   Automobiles–History. 2. Spanish Language Materials.] I. Beyer, Mark.
   Transportation through the ages.
   II. Title.

   TL206 .C48 2001
   629.222'09–dc21
                                                    2001000153

Contenido

Los primeros autos

Henry Ford fabricó este automóvil
en 1896. Tenía un motor pequeño.
Se manejaba con una manivela.

Manivela

Motor

Henry Ford

Al poco tiempo los autos mejoraron.
Éste tenía capota, ventanas y faros.
Se podía conducir cuando llovía
y de noche.

Ventana

Faros

Capota

Este auto
es de 1905.

Cómo se hacen los autos

Los autos se fabrican en serie.
Cada persona hace un oficio.
De ese modo se fabrican rápido.

Esta fábrica de automóviles de 1912 fabricaba un carro en 93 minutos.

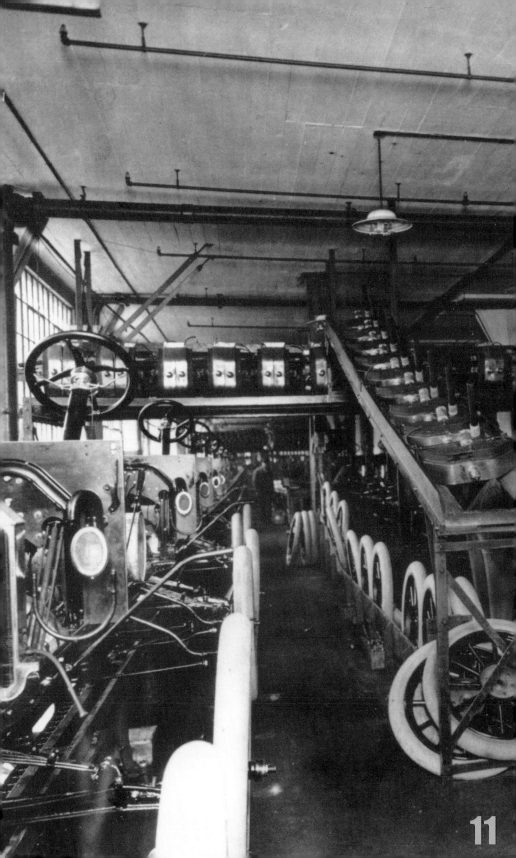

Distintos autos

Éste es el Modelo T. Costaba $290.

Modelo T
1923

Unos autos eran grandes.
En este iban seis personas.

Sedán
1923

Este auto deportivo es descapotable:
se puede bajar la capota.

Me gusta manejar
sin capota.

**Auto deportivo
británico 1936**

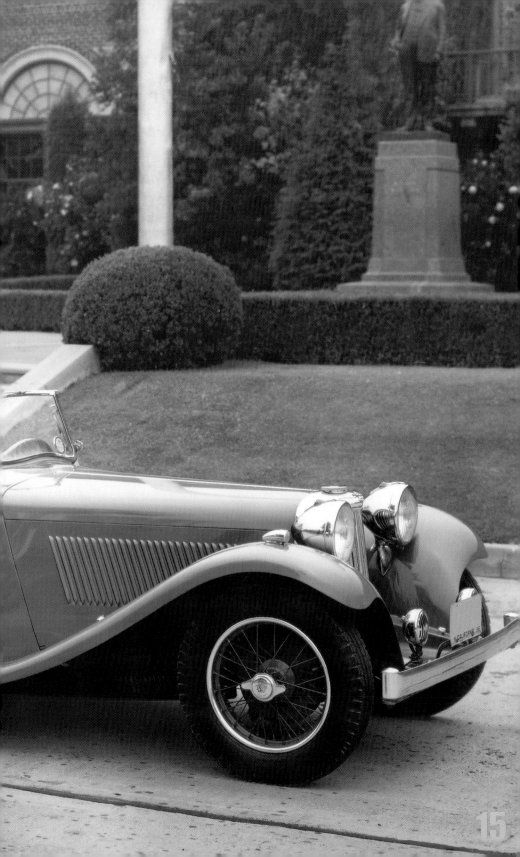

Unos autos eran largos.
Unos eran elegantes.
Otros eran pequeños.

**Convertible
1963**

**Auto deportivo
1960**

**Auto compacto
1965**

En los años 1930, los autos tenían radio y reloj.

En los años 1950 se instalaron los cinturones de seguridad para protegernos.

Cinturón de seguridad

En los años 1960 la mayoría
de las familias tenía auto.
En las nuevas autopistas se veían
muchas clases de carros.

A mucha gente le gustan los autos antiguos. Los autos del pasado son muy populares.

Auto de lujo
1947

Glosario

británico (a) de Gran Bretaña o de su gente

carretera (la) ruta ancha y larga para autos

cinturón de seguridad (el) correa para sujetarse al asiento de un auto

compacto (a) auto más pequeño que la mayoría

convertible (el) auto al que se le puede bajar la capota

descapotable que se le puede bajar la capota

fábrica (la) edificio donde se construyen cosas

lujo (el) riqueza

manivela (la) pieza que se sujeta con la mano

motor (el) máquina que da potencia al auto

serie, en tipo de fabricación que hace cosas iguales

Recursos

Libros

Eureka! It's an Automobile!
Jeanne Bendick
Millbrook Press (1994)

Eyewitness: Car
Richard Sutton
Dorling Kindersley Publishing (2000)

Sitios web

Debido a las constantes modificaciones en los sitios de Internet, PowerKids Press ha desarrollado una guía on-line de sitios relacionados al tema de este libro. Nuestro sitio web se actualiza constantemente. Por favor utiliza la siguiente dirección para consultar la lista:

www.buenasletraslinks.com/tah/autossp/

Índice

Número de palabras: 171

Nota para bibliotecarios, maestros y padres de familia

Si leer es un reto, ¡Reading Power en español es la solución! Reading Power es ideal para lectores hispanoparlantes que buscan un nivel de lectura accesible en su propio idioma. Ilustrados con fotografías, estos libros presentan la información de manera atractiva y utilizan un vocabulario sencillo que tiene en cuenta las diferencias lingüísticas entre los lectores hispanos. Relacionando claramente texto con imágenes, los libros de Reading Power dan al lector todo el control. Ahora los lectores cuentan con el poder para obtener la información y la experiencia que necesitan en un ameno formato completamente ¡en español!

Note to Librarians, Teachers, and Parents

If reading is a challenge, Reading Power is a solution! Reading Power is perfect for readers who want high-interest subject matter at an accessible reading level. These fact-filled, photo-illustrated books are designed for readers who want straightforward vocabulary, engaging topics, and a manageable reading experience. With clear picture/text correspondence, leveled Reading Power books put the reader in charge. Now readers have the power to get the information they want and the skills they need in a user-friendly format.